Inhalt

Balanced Scorecard - Nicht mehr reine betriebswirtschaftliche Theorie

Kernthesen

Beitrag

Fallbeispiele

Weiterführende Literatur

Impressum

Balanced Scorecard - Nicht mehr reine betriebswirtschaftliche Theorie

M. Westphal

Kernthesen

- Die Balanced Scorecard hat sich inzwischen von einem betriebswirtschaftlichen Konzept zu einem weitgenutzten Instrument gemausert.
- Nicht nur Großunternehmen benötigen eine Balanced Scorecard; auch Mittelständler und Kleinunternehmer erkennen zunehmend den Nutzen dieses Instruments.
- Die Balanced Scorecard ist nicht mehr DAS zentrale Unternehmensplanungstool,

sondern wird inzwischen in einer Vielzahl von Spezialausprägungen genutzt.

Beitrag

Die Balanced Scorecard hat sich inzwischen von einem betriebswirtschaftlichen Konzept zu einem weitgenutzten Instrument gemausert

Das Führungsinstrument Balanced Scorecard bildet die gesamte Wertschöpfungskette eines Unternehmens wie auch deren kausale Zusammenhänge ab und stellt darüber hinaus sicher, dass alle relevanten Zielbereiche konsequent verfolgt werden.
Die vom Unternehmen definierten Gesamtunternehmensziele werden mit entsprechenden Kennzahlen hinterlegt, um so die Maßnahmen zur Umsetzung der strategischen Ziele zu steuern und den Grad der Zielerreichung zu messen.
Die standardmäßigen vier Balanced Scorecard-Perspektiven sind:

- Finanzen
- Kunden
- Prozesse
- Lernen und Entwicklung

(1)

Die wesentliche und für das Controlling revolutionäre Innovation der Balanced Scorecard war das Aufzeigen der Zusammenhänge zwischen Steuer- und Messgrößen, lang- und kurzfristigen, quantitativen und qualitativen, finanziellen und nicht-finanziellen sowie direkten und indirekten Kenngrößen.
So werden vernetzte Betrachtungen von verschiedenen Zielgrössen in verschiedenen Ursache-Wirkungs-Beziehungen zu einem Standard in der strategischen Unternehmensführung gemacht. (2)

Für viele Unternehmen besteht immer noch das Problem, wie sie strategische Zielsetzungen budgetierbar machen können. Somit fehlt im Controlling der Link zwischen strategischer und operativer Planung. Wie ist z. B. ein Ziel, wie die stärkere Differenzierung zum Wettbewerb durch mehr Serviceleistungen, im Budget zu berücksichtigen und zu messen? Ebenso sind strategische und operative Planung häufig in verschiedenen Unternehmensbereichen angesiedelt, und die Koordination vermisst funktionierende Mechanismen.

Gerade die für die Zukunft des Unternehmens wichtigen strategischen Projekte und Aktionen gehen in den klassischen Routinen der Budgetierung unter. Und genau in diesem Zusammenhang hilft die Transformationsfunktion der Balanced, die Übertragung strategischer Ideen und Strategien in konkrete Projekte und Aktionen und damit eine strategieorientierte Ressourcenverteilung, sicherzustellen. (3)

Allerdings verkommt eine Balanced Scorecard zu einem "Friedhof von Kennzahlen", wenn die Hausaufgaben in punkto Strategieformulierung vorher nicht richtig gemacht worden sind. (2)

Das von Kaplan und Norton Anfang der Neunziger Jahre vorgestellte Controlling- oder besser Unternehmensplanungstool (welches auch schon Thema des Knowledge Summary "Die Balanced Scorecard in der aktuellen Unternehmenpraxis" 04/2002 war), entwickelt sich immer stärker zu einem Tool, das hohe Akzeptanz bei denen genießt, die es in ihren Unternehmen bereits erfolgreich eingeführt haben. Außerdem gibt es inzwischen verschiedenste Spezialformen, die Anwendungsszenarien der Balanced Scorecard nur für spezifische Unternehmensfunktionen darstellen, wie in dieser Knowledge Summary später noch gezeigt werden wird.So hat sich die Akzeptanz der Balanced

Scorecard hinsichtlich ihrer Stärken inzwischen so stark durchgesetzt, dass in vielen Unternehmen nicht mehr nur noch **eine** Balanced Scorecard als zentrales Steuerungsinstrument zur Messung der gesamten Unternehmensperformance genutzt wird, sondern es werden inzwischen für ein Unternehmen **mehrere** Balanced Scorecards für verschiedene Unternehmensfunktionen eingesetzt, um ein zielgerichtetes und selektives Controlling und Steuern des Unternehmens zu ermöglichen.

Nicht nur Großunternehmen benötigen eine Balaced Scorecard; auch Mittelständler und Kleinunternehmer erkennen zunehmend den Nutzen dieses Instruments

Auch der Mittelstand wird von unternehmerischen Unsicherheiten und hohem Wettbewerbsdruck herausgefordert. Die reinen Bauchentscheidungen auch aus "erfahrensten" Unternehmerbäuchen stoßen bei diesen Rahmenbedingungen an ihre Grenzen und benötigen ein risikobasiertes Controlling- und Planungsinstrumentarium, um am Markt bestehen zu können.

Auch der Mittelstand benötigt ein effektives Planungssystem mit Erfolgs-, Liquiditäts- und Bilanzplanung mit integrierter Kapitalflussrechnung. Die darüber hinaus notwendige Integration der Unternehmensstrategie und damit die Überbrückung zwischen strategischer und operativer Planung lässt sich instrumentell sehr gut mit Hilfe der Balanced Scorecard leisten. (4)

Auch Kleinunternehmer erkennen inzwischen die Notwendigkeit zu zielgerichtetem Controlling. Die weitere Erkenntnis, dass die reine Ausrichtung an harten Finanzzahlen nicht ausreicht, führt dazu, dass auch in dieser Unternehmensgröße die Einführung einer Balanced Scorecard immer häufiger in Erwägung gezogen wird. Die rein monetären Faktoren und ihre Messgrößen verraten allein noch nichts über die vorhandenen Ressourcen oder die Ausrichtung. (5)

Die klassische Budgetierung vernachlässigt geradezu sträflich nichtmonetäre Größen wie Qualitätskennziffern oder Parameter wie Kundenzufriedenheit, obwohl gerade diese häufig die eigentliche Ursache für Abweichungen vom finanziellen Planwert darstellen. Gerade die Balanced Scorecard, deren Siegeszug auch in deutschen Unternehmen ungebrochen anhält, bietet einen hervorragenden Ansatz, um solche wichtigen

Ergebnistreiber auch in die Budgetierung kleiner Unternehmen zu integrieren. (3)

Die Balanced Scorecard ist nicht mehr DAS zentrale Unternehmensplanungstool, sondern wird inzwischen in einer Vielzahl von Spezialausprägungen genutzt.

Das Modell der Balanced Scorecard wird nicht mehr rein für die Steuerung eines ganzen Unternehmens genutzt. Inzwischen gibt es Balanced Scorcards, die die Performance einzelner betrieblicher Funktionen messen. So kann mit einer Balanced Scorecard sehr gut auch die strategische Steuerung von Personalprozessen (HR-Scorecard) unterstützt werden.
Aber es gibt inzwischen im Personalbereich gar eine weitere "Sub-Scorecard", nämlich die Learning Scorcard, welche die Leistung des Weiterbildungsbereichs misst und damit die Wirtschaftlichkeit der Lernprozesse ermittelt und gegebenenfalls steuert. Die Learning Scorecard gliedert sich in vier Werteebenen (Perspektiven):-

Kunden Analyse der Bedürfnisse der Lernenden und ihre individuellen Lernziele- **Finanz** Festlegung und Messung des (erwarteten) wirtschaftlichen Erfolgs einer Bildungsmanagementstrategie- **Prozess** ermittelt die Abdeckung der Kernprozesse des Unternehmens durch diese Lösung (Kundenbetreuung, Einkauf, Veranstaltungsmanagement)- **Ressourcen** Betrachtung der vorhandenen und benötigten IT-Infrastruktur.Mit einer solchen Learning Scorecard lässt sich die Wirtschaftlichkeit von E-Learning-Bildungsmaßnahmen genau messen. (6)

Die HR-Scorecard verbindet die Personalstrategien mit den Unternehmenszielen. Damit zeigt sie die Auswirkungen auf, die Investitionen in Mitarbeiter auf die Prozessqualität oder die Kundenzufriedenheit haben. Produkte eines Unternehmens sind teilweise austauschbar, dagegen bleiben Wissen und Kreativität der Belegschaft einzigartige Vermögenswerte.
Allerdings steuern immer noch viele Unternehmen ihre Personalpolitik rein von der Kostenseite her. So werden nur rein quantitative Größen wie Löhne, Gehälter, oder die Zahl der Arbeitsstunden berücksichtigt. (2)
Die Balanced Scorecard erlaubt dem Management eine Betrachtung aus unterschiedlichen Perspektiven, so lässt sie Schlüsse zu im Hinblick auf die

Zeitersparnis, die die Einführung einer neuen Datenbank erbracht hat, oder Aussagen darüber, wie sich die Kundenbindung erhöht, wenn das Serviceteam in eine IT-Weiterbildung geschickt wird. Ebenso kann ermittelt werden, ob die Effizienz steigt, wenn im Vertrieb mehr Mitarbeiter eingestellt werden. (6)

Fallbeispiele

Unternehmen, die ihre Aktivitäten rein an finanziellen Kennzahlen ausrichten, verlieren häufig zusätzliche wichtige Faktoren aus den Augen, die aber für die Wahl einer richtigen Entscheidung notwendig sind. So führt die Entscheidung, aufgrund der schwachen Finanzzahlen das Vertriebsteam um 20 Prozent zu kürzen auch zu ausbleibenden Aufträgen. Eine solche Entscheidung vernachlässigt unter anderem den Wert gewachsener persönlicher Beziehungen zwischen den Kunden und den Verkäufern. (5)

Auch die Deutschen Telefonwerke (Detewe) wurden mit der Deregulierung im Telekommunikationsmarkt konfrontiert. In diesem Zusammenhang musste der

strategische Nutzen der Mitarbeiterqualifikation belegt werden. Die Entscheidung fiel zu Gunsten einer HR-Scorecard.
Hiermit können z. B. die Gesamtkosten der internen Weiterbildung eines Mitarbeiters, der Führungsaufgaben übernehmen soll, mit dem finanziellen Aufwand einer Neueinteilung verglichen werden. Darüber hinaus wird mit der Einführung einer Balanced Scorecard das Reporting vereinfacht und damit auch beschleunigt. Wurden zu Excel-Zeiten für einen Monatsbericht noch zwei bis drei Tage benötigt, lässt sich diese Aufgabe heute in zwei bis drei Stunden erledigen. (6)

Die Mitarbeiter der Münchner Firma Softlab verbringen als Berater einen Großteil ihrer Arbeitszeit beim Kunden. Daher kommt der Integration in das Beziehungsnetzwerk von Softlab, um damit auch die Identifikation zu erhöhen, eine große Bedeutung zu. Von Softlab ist in diesem Zusammenhang ein aufwändiges Integrationsprogramm entwickelt worden, dessen konkrete Zielsetzungen in der Balanced Scorecard festgeschrieben sind. Die Fluktuationsrate durch Eigenkündigung sollte unter zehn Prozent gesenkt werden. Mittlerweile liegt sie bei etwa sieben Prozent. (9)

Der Mannheimer Agrarmaschinenhersteller JohnDeere hat zur Bewertung und damit auch verbesserten Steuerung seiner IT-Prozesse eine IT-Scorecard eingeführt. Mit dieser IT-Balanced Scorecard lassen sich Planung und aktueller Stand der angestrebten Prozessveränderungen (Zeiten für Abwicklung von Serviceanfragen; Zahl der notwendigen Kontakte mit den Fachabteilungen, bis ein Problem gelöst ist; Incident-, Service-, Request-, Complaint- und Problem-Managment) in der IT-Abteilung gut vergleichen. (10)

Inzwischen gibt es für verschiedene Ausprägungen der Balanced Scorecard bereits intranetbasierte Lösungen, die ein laufendes Überprüfen der Zielwerte ermöglichen, sowie eine schnellere Erfassung der Veränderungs- und Innovationspotenziale und deren Umsetzung, um so die strategischen Ziele zu verwirklichen. (1)

Weiterführende Literatur

(1) Kennzahlen per Intranet
aus Maschinenmarkt Nr. 26 vom 21.06.2004

(2) Die Beratungsleistung als Investition
aus HandelsZeitung vom 26.05.2004 Seite 71

(3) Budgetierung: Die Evolution ist machbar
aus Frankfurter Allgemeine Zeitung, 14.06.2004, Nr. 135, S. 26

(4) Unternehmen nach Plan
aus FINANCE - Der Markt für Unternehmen und Finanzen Heft 7/8 vom 25.06.2004, Seite 100

(5) Finanzen saniert - Firma am Ende? Die Firmen entdecken die Notwendigkeit des strategischen Denkens neu. impulse zeigt, was dabei zu beachten ist.
aus Impulse vom 01.06.2004, Seite 40

(6) Virtuelles Lernen ist kein Selbstzweck mehr – Managementsysteme müssen sich an Geschäftsprozesse anpassen Bildungserfolge werden präziser messbar
aus Computer Zeitung, Heft 21, 2004, S. 21

(7) Balanced Scorecard: Erfolg ist planbar
aus wirtschaft&weiterbildung, Vol. 17, Heft 6/2004, S. 17

(8) Business Intelligence - Das Interesse der Wirtschaft wächst
aus Maschinenmarkt Nr. 27 vom 28.06.2004

(9) Personal-Management/Softlab: Personalbindungsprogramm hat neue Mitarbeiter im Fokus Einstieg ins Unternehmen leicht gemacht
aus Computerwoche, 02.07.2004, Nr. 27, S. 43

(10) Modellierung ist lediglich der erste Schritt Kein Prozess-Management ohne Monitoring
aus Computerwoche, 02.07.2004, Nr. 27, S. 30

Impressum

Balanced Scorecard - Nicht mehr reine betriebswirtschaftliche Theorie

Bibliografische Information der deutschen Nationalbibliothek

Die Deutsche Nationalbibliothek verzeichnet diese Publikation in der deutschen Nationalbibliografie; detaillierte bibliografische Daten sind im Internet über http://dnb.d-nb.de abrufbar.

ISBN: 978-3-7379-0012-6

© 2015 GBI-Genios Deutsche Wirtschaftsdatenbank GmbH, Freischützstraße 96, 81927 München, www.genios.de

Alle Rechte vorbehalten. Dieses Werk ist einschließlich aller seiner Teile – z.B. Texte, Tabellen und Grafiken - urheberrechtlich geschützt. Jede Verwertung außerhalb der Grenzen des Urheberrechtsgesetzes bedarf der vorherigen Zustimmung des Verlags. Dies gilt insbesondere auch für auszugsweise Nachdrucke, fotomechanische

Vervielfältigungen (Fotokopie/Mikroskopie), Übersetzungen, Auswertungen durch Datenbanken oder ähnliche Einrichtungen und die Einspeicherung und Verarbeitung in elektronischen Systemen.